MANITAS

Fiestas

Actividades creativas para la educación infantil

Fiestas

Dirección editorial: Mª Fernanda Canal
Textos y realización de ejercicios: Anna Galera Bassachs, Mònica Martí i Garbayo e Isabel Sanz Muelas
Diseño de la colección: Toni Inglès
Diseño gráfico y maquetación: Toni Inglès
Fotografías: Estudio Nos y Soto, AGE Fotostock, Index, Incolor, Fototeca Stone

Octava edición: mayo 2001
© Parramón Ediciones, S.A., 1997
Editado y distribuido por Parramón Ediciones, S.A.
Gran Via de les Corts Catalanes, 322-324
08004 Barcelona (España)

Dirección de producción: Rafael Marfil
ISBN: 84-342-2140-3
Depósito legal: B-19.210-2001
Impreso en España

Prohibida la reproducción total o parcial de esta obra
mediante cualquier recurso o procedimiento, comprendidos
la impresión, la reprografía, el microfilm, el tratamiento informático
o cualquier otro sistema, sin permiso escrito de la editorial.

ÍNDICE

4
Presentación

5
Técnicas empleadas

6
Orientaciones metodológicas

7
Organización del libro

7
Las fiestas

8
Pandereta

10
Calendario

12
Abeto

14
Zambomba

16
Bolas

18
Máscara

20
Gorro de la Bruja

22
Caretas

24
Disfraz

26
Antifaz

28
Payaso

30
Tarta

32
Regalo

34
Dragón

36
Fiesta

38
Farolillo

40
Colgante dorado

42
Plantillas

PRESENTACIÓN

Las autoras de este libro son tres maestras de educación infantil, tutoras de grupos de 3, 4 y 5 años respectivamente, que ante la falta de material en esta área estimaron conveniente hacer una recopilación de actividades de expresión plástica dirigidas a los niños de este ciclo.
Este libro proporciona ideas y estrategias al adulto para que pueda dirigir la actividad de manera que el niño la realice con el máximo de autonomía posible, manipulando, experimentando y disfrutando con las diferentes técnicas, y de este modo adquirir progresivamente destreza y seguridad.

El lenguaje plástico en el segundo ciclo de educación infantil

El niño de este ciclo siente curiosidad por descubrir y conocer todo lo que le rodea e ir construyendo así su pensamiento, a partir de un aprendizaje significativo. Es decir, un aprendizaje muy comprensible para que el niño pueda relacionar lo que ya sabe con las nuevas informaciones. Este tipo de aprendizaje permite que el niño conozca, interprete, utilice y valore la realidad.

Para favorecer este proceso, las actividades propuestas en este libro están enfocadas de manera globalizada. ¿Qué quiere decir un enfoque globalizador? El niño no individualiza las partes de un todo, no puede extraer una única información de un contexto, sino que percibe diferentes estímulos y sensaciones a la vez. El educador debe disponer de diferentes herramientas y estrategias para poder relacionar cada trabajo de plástica con las diferentes áreas curriculares. Por eso, al final de cada propuesta hay unas orientaciones didácticas que ayudarán a globalizar la actividad.

No hay que olvidar, a la hora de realizar estas actividades, la importancia de trabajar los hábitos de limpieza, orden e higiene personal, siempre reforzando la autonomía del alumno.

Durante esta etapa se debe estimular la actividad cognoscitiva mediante la observación directa, la manipulación y la experimentación. Las propuestas de trabajo que presentamos pretenden que el niño utilice el descubrimiento como medio para establecer nuevos aprendizajes.

La plástica está presente en todos los procesos educativos, en todas las áreas y situaciones del día. La plástica es el medio de expresión por excelencia. Los diferentes trabajos realizados por el niño nos proporcionan mucha información sobre él mismo.

Técnicas empleadas

Las diferentes técnicas que se pueden encontrar en este libro para que los niños puedan manipular y experimentar son las más empleadas para estas edades:

Punzar: se utiliza la felpa y el punzón. Se debe punzar sobre la línea de manera continua para poder sacar la silueta previamente dibujada, sin rascar con el punzón, ni arrancar y romper el papel con los dedos.

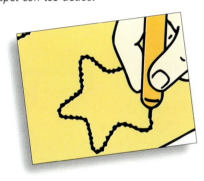

Recortar: coger correctamente las tijeras con una mano y sostener el papel levantado con la otra para conducir el movimiento de las tijeras y seguir la línea.

Pegar: colocar una cantidad adecuada de pegamento, teniendo en cuenta cuál será la superficie a tratar (si ésta es grande se distribuirá el pegamento y encima se dispondrá el material; en cambio, si es muy pequeña será el material el que deberá ponerse sobre la barra de pegamento y colocarlo después sobre la superficie). Se procurará que no se ensucien demasiado las manos ni la mesa.

Rasgar con los dedos: se debe realizar con dos dedos haciendo la "pinza", sin romper el papel de una sola vez.

Modelar plastilina: para rellenar superficies, pellizcar un poco de plastilina y extenderla con el pulgar. Cuando se trate de modelar pequeñas porciones que servirán para decorar habrá que presionar sobre la cartulina para pegar la plastilina. Siempre que se trabaje con plastilina hay que barnizarla para reforzar el pegado, darle brillo y dureza. No hay que dar demasiada plastilina a los niños cuando deban colocar poca, ya que tienden a amontonarla.

Modelar barro: previamente hay que trabajar bien el barro con las manos para expulsar el aire que contiene y así evitar que una vez seco se agriete. Es importante trabajar con agua para unir diferentes piezas, tapar grietas y dar un acabado fino. Es conveniente pintar o barnizar el barro una vez esté seco, para darle un perfecto acabado.

Pintar: con cera o pintura (utilizando el dedo, la mano o el pincel). Cuando se utilice el pincel se debe escurrir para no manchar ni formar grumos. El pincel se debe coger suavemente por la parte media del palo (no como un lápiz) para pintar con las cerdas sin rascar con el palo, extendiendo la pintura de arriba abajo, evitando los movimientos rotatorios.

Estampar: utilizando diferentes materiales (patatas, esponjas, tapones de corcho, partes del cuerpo...). Para mojar en pintura cualquiera de estos materiales será conveniente hacerlo en una esponja introducida en una bandeja llena de pintura diluida con agua, para que se empape con la cantidad suficiente de pintura.

Colage: se utilizan diversos materiales (ropa, papeles de diferentes texturas y colores, adhesivos de varios colores y formas, lana, palillos, legumbres, pasta, café,...).

Hacer transparencias: con papel de celofán. El pegamento siempre debe ponerse por detrás alrededor del agujero en la cartulina para pegar después el papel de celofán y así evitar que se manche y arrugue.

Hacer bolas: con papel de seda, higiénico... Se rasga el papel de seda y con las puntas de los dedos se arruga y se forma la bola. Al trabajar esta técnica se estimula la psicomotricidad fina haciendo la "pinza" con los dedos (índice y pulgar). A la hora de pegar se extenderá primero el pegamento en la superficie colocando después las bolas encima. Pero si se trata de un espacio pequeño se untará primero la bola en la barra de pegamento y se colocará después en su lugar.

Orientaciones metodológicas

Con base en la experiencia profesional de las autoras, a continuación proponemos lo que puede ser una buena metodología a la hora de realizar actividades plásticas dentro del aula con niños de estas edades.

Lo más importante será la buena planificación del aula, la actividad y el material. La maestra deberá de tener muy claro qué material necesita para cada sesión y qué proceso deberá seguir para conducir a los niños a realizar la actividad.

Antes de empezar a manipular el material y realizar el trabajo, se deberá motivar a los niños para que entiendan lo que harán y el porqué, y así tengan interés y ganas de hacerlo. Se deberá animar a los niños y situarlos previamente en un contexto adecuado para cada tema a fin de favorecer la intención educativa a la que se quiere llegar. El niño debe entender que todo lo que hace tiene una funcionalidad y lo podrá usar en otras situaciones, que el trabajo realizado no está desligado sino que forma parte de una realidad. Por eso damos a las propuestas un enfoque globalizador. De aquí la importancia de observar siempre la realidad antes de empezar una actividad.

Una vez se consigue despertar en el niño la curiosidad y las ganas de descubrir, habrá llegado el momento de enseñarle cómo será el trabajo una vez terminado, realizado previamente por el adulto.

Un factor a tener en cuenta para conseguir un resultado positivo será escoger el momento idóneo y distribuirlo en diferentes sesiones. A estas edades los niños se cansan con muchísima facilidad de hacer lo mismo durante demasiado rato; por este motivo, dependiendo de la duración y la complejidad de la actividad, ésta deberá realizarse en más de una sesión. Así se favorecerá la diversión.

Es aconsejable que este trabajo se realice a primera hora de la mañana o de la tarde, cuando los niños se encuentran más receptivos, tranquilos y descansados. Hay que tener muy en cuenta los intereses y el estado de ánimo de los niños en el momento en que nos disponemos a emprender el trabajo. Si vemos que los niños están dispersos o les falta concentración, será mejor dejarlo para otro momento. No se debe caer en el error de querer forzar la situación, ya que los niños no disfrutarían de ello y los resultados no serían tan buenos.

Dependiendo del número de niños que haya en el aula, del tipo de niños (inquietos, dispersos, tranquilos,...), de la dificultad de la técnica con la que se quiere experimentar o de si es la primera vez que se introduce, se deberá trabajar con toda la clase o con un grupo pequeño de niños. En cada ejercicio se incluyen algunas pautas que pueden seguirse para conducirlo de una manera o de otra.

Si se trabaja con un grupo pequeño de la clase, el resto de los niños deberá estar entretenido en alguna actividad que no requiera la ayuda del adulto, para que éste pueda dedicarse plenamente al grupo pequeño.

Si, en cambio, se trabaja con toda la clase, seguramente la actividad deberá ser más dirigida y, por tanto, lo fundamental será saber captar la atención de todo el grupo. El niño habrá de estar muy pendiente de las indicaciones del educador para poder seguir correctamente las pautas.

Hay que procurar no caer en el error de participar demasiado en el trabajo del niño y restarle protagonismo. No debemos preocuparnos tanto de la perfección como de que el niño manipule, experimente y disfrute con las distintas técnicas y materiales.

Cuando se trate de una actividad que los niños puedan realizar solos, aunque se trabaje con toda la clase, no hará falta dirigirlos tanto, sino que será importante que puedan expresarse libremente. Se debe dejar espacio a su creatividad.

Si el material a utilizar es muy concreto se repartirá a cada uno de los niños; en caso contrario, se dispondrá en un recipiente en el centro de cada mesa para que esté a su alcance. De esta manera los niños refuerzan el hábito de compartir.

Una vez terminada la sesión será importante hacer ver a los niños que deben limpiar y ordenar los utensilios de trabajo, así como preocuparse de su higiene personal. Igualmente, durante la sesión se deben respetar los distintos utensilios y materiales.

La mayoría de las técnicas presentadas en las distintas propuestas se puede modificar adecuándola al nivel de los niños. Así pues, una actividad que ha sido pensada para hacerla punzando, se puede realizar recortando si se trata de niños mayores, o al revés. De la misma manera, se puede tomar la idea, pero realizarla con técnicas diferentes, según la creatividad o la motivación personal del adulto y los materiales de los que dispone.

Este libro ha sido pensado para que sea una herramienta de trabajo práctica, ya que se basa en la experiencia real de tres maestras de educación infantil. Confiamos en que sus orientaciones y consejos contribuyan a facilitar y ampliar la labor docente en el área de expresión plástica. El planteamiento de cada trabajo ayudará a que la actividad sea más agradable y entretenida de modo que tanto el niño como el adulto puedan disfrutar de ella.

Organización del libro

El libro está pensado para las diferentes edades del ciclo, y las actividades están clasificadas según su grado de dificultad. Esta clasificación ha sido elaborada a partir de la experimentación en el aula con niños de estas edades, con los cuales se han realizado todas las actividades. Hay que aclarar que esta clasificación es totalmente orientativa, ya que se trata de propuestas abiertas y se pueden adecuar a las necesidades concretas de cada grupo. Así pues, una misma actividad se podría realizar en diferentes edades aumentando o disminuyendo su complejidad.

Se pueden encontrar trabajos sobre el plano y en volumen. En cada propuesta se expone el material que se necesita, el grado de dificultad (de uno a tres), las orientaciones didácticas (cómo hacerlo), los pasos a seguir, divididos en las diferentes sesiones que harán falta para llevarla a cabo, y algunos consejos a tener en cuenta para favorecer el trabajo.

Todos los pasos van acompañados de una imagen fotográfica o gráfica, para facilitar así la comprensión.

Las fiestas

En este libro incluimos actividades que hacen referencia a las fiestas que se suceden durante el año: fiestas navideñas, carnavales, fiestas populares, aniversarios, verbenas, etc. Seguramente, ésta será una obra muy útil a lo largo de todo el curso, pues siempre se encontrará en ella algún elemento que haga referencia a la fiesta o acontecimiento que se necesite trabajar en cada momento.

También se emplean materiales más brillantes y con más color que los de los otros volúmenes de esta colección, para darle un aire más festivo.

actividad **1** # PANDERETA

¿Qué se necesitará?

- Cartulina plastificada roja, plateada y dorada
- Cartulina negra
- Adhesivos en forma de estrella dorados y plateados
- Pegamento en barra
- Punzón y felpa

¿Cómo se hará?

Esta actividad se puede realizar en tres sesiones de media hora aproximadamente cada una. Se trabajará con todo el grupo.

Sesión 1

Preparar para cada niño:
- *Una cartulina roja plastificada con la silueta del parche de la pandereta previamente dibujada*
- *Una cartulina negra con la silueta de la pandereta previamente dibujada*
- *Punzón y felpa*
- *Pegamento*

1 Punzar y sacar la silueta del parche de la pandereta de la cartulina plastificada roja.

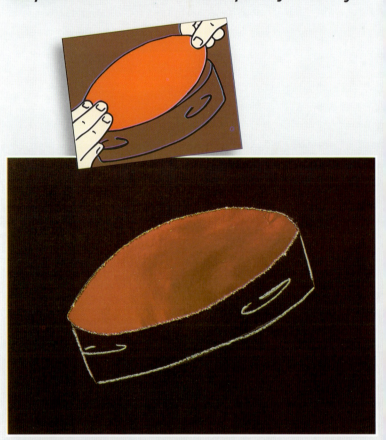

2 Pegar la silueta de cartulina plastificada roja sobre la silueta de la cartulina negra.

¿Qué técnicas se trabajarán?
- *Punzar cartulina*
- *Pegar cartulina*

Sesión 2

Preparar para cada niño:
- La cartulina negra con el parche de la pandereta ya pegada
- Una cartulina plateada con el aro de la pandereta previamente dibujado
- Punzón y felpa
- Pegamento
- Una cartulina plastificada dorada con las sonajas de la pandereta previamente dibujadas

3 Punzar y sacar la silueta del aro de la pandereta de la cartulina plateada incluyendo sus orificios.

4 Punzar y sacar las sonajas de la cartulina dorada.

Orientaciones didácticas

- Trabajar desde el área de música este **instrumento de percusión** típico de la Navidad. Darles a conocer su sonido, los sonidos cortos y largos, su intensidad (fuerte y flojo).
- Trabajar la **forma redonda** de la pandereta y de las sonajas, junto al concepto grande y pequeño. Ver cómo en la cartulina la forma no es redonda sino ovalada, porque se ve en perspectiva.

Consejos

- **Pegar.** Extender el pegamento en las cartulinas plastificadas por la parte blanca para evitar manchar la cartulina negra.

Sesión 3

Preparar para cada niño:
- La cartulina negra con la pandereta empezada en las anteriores sesiones
- Punzón y felpa
- Pegamento

5 Pegar la cartulina plateada ya punzada sobre la silueta de la cartulina negra y las sonajas doradas sobre los orificios del aro de la pandereta en la parte plateada.

6 Pegar adhesivos plateados y dorados en forma de estrella libremente sobre el espacio que rodea al instrumento.

actividad 2 CALENDARIO

¿Qué se necesitará?

- Cartulina blanca
- Papel charol rojo y azul
- Papel de aluminio
- Papel de celofán rojo
- Virutas de cera plástica blanca
- Cera plástica de color carne
- Un calendario pequeño
- Punzón y felpa
- Pegamento en barra
- Tijeras
- Barniz y pincel
- Plantilla (ver pág. 43)

¿Cómo se hará?

Esta actividad se podrá realizar en tres sesiones de media hora aproximadamente cada una. Se trabajará con toda la clase a la vez.

Sesión 1

Preparar para cada niño:
- Una cartulina blanca con la silueta del Papá Noël previamente dibujada
- Cera plástica de color carne
- Papel charol rojo y azul
- Papel de celofán rojo
- Punzón y felpa

1 Pintar la cara del Papá Noël con la cera plástica de color carne.

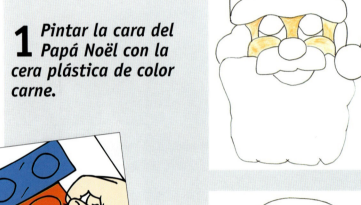

2 Punzar y sacar los ojos, la nariz y la boca. Pegar por detrás de los ojos papel charol azul, en la nariz celofán rojo y en la boca papel charol rojo.

Consejos

- **Cortar papel charol.** Para cortar el papel charol a trocitos más rápidamente será conveniente cortarlo como si fuera una cortina, haciendo primero los cortes verticales para cortar después todas las tiras horizontalmente.
- **Barnizar.** Si el barniz no se seca antes de terminar la sesión, se puede recortar el Papá Noël y colocar el calendario en otro momento.
- **Sesiones.** Algunos niños seguramente precisarán más sesiones para poder llevar a cabo toda la actividad, según cuáles sean las necesidades concretas y el nivel del grupo.

¿Qué técnicas se trabajarán?
- Recortar y pegar papel • Hacer bolitas con papel de aluminio • Hacer transparencias con papel • Pintar con cera plástica • Pegar virutas de cera plástica

Sesión 2

Preparar para cada niño:
- La cartulina blanca con el Papá Noël pintado y con los papeles de transparencia pegados
- Papel charol rojo
- Papel de aluminio
- Pegamento
- Tijeras

3 Cortar el papel charol a trocitos y pegarlo como si se tratara de un mosaico sobre el gorro evitando que queden espacios en blanco.

4 Hacer bolitas con el papel de aluminio y pegarlas en el reborde del gorro y en la borla.

- **Bolitas de aluminio.** Al pegar las bolitas de papel de aluminio se deberá extender abundante pegamento en la zona y colocarlas muy juntas, apretándolas entre sí para que se enganchen unas con otras.

Orientaciones didácticas
- Trabajar la **expresión oral** invitando a los niños a dialogar y contar entre todos quién es el personaje, qué hace, dónde vive, etc. Dar a conocer otras tradiciones.
- Trabajar la **textura** rugosa del papel de aluminio y la de las virutas de cera plástica.

Sesión 3

Preparar para cada niño:
- El Papá Noël empezado en las anteriores sesiones
- Virutas de cera plástica blanca
- Un calendario pequeño
- Pegamento
- Un pincel

Preparar para cada mesa:
- Un recipiente con barniz

5 Extender el pegamento abundantemente sobre las zonas del pelo, bigote y barba del Papá Noël, esparcir sobre ellas las virutas de cera plástica como si fuera sal y presionar con los dedos. Después barnizar.

6 Cuando el barniz esté seco, recortar el Papá Noël siguiendo su contorno y pegar el calendario en el centro de su barba.

11

actividad 3 ABETO

¿Qué se necesitará?
- Cartulina blanca
- Papel de celofán rojo
- Papel de seda de varios colores
- Ceras verdes y marrones
- Oropel dorado estrecho
- Pegamento en barra
- Barniz y pincel

¿Cómo se hará?
Esta actividad se puede llevar a cabo en dos sesiones de media hora aproximadamente cada una, trabajando con toda la clase.

Sesión 1

Preparar para cada niño:
- Una cartulina blanca con la silueta del abeto previamente dibujada
- Ceras verdes y marrones
- Pincel

Preparar para cada mesa:
- Un recipiente con barniz

1 Pintar las hojas del abeto con cera verde y el tronco con cera marrón. Después barnizarlo todo.

Consejos

- **Barnizar.** Intentar no manchar la cartulina blanca al barnizar el abeto.
- **Oropel.** Si se trabaja con los más pequeños se deberán dar las tiras de oropel cortadas a la medida, aunque siempre que sobre un trocito al pegarlas se podrán recortar. Si los niños son mayores ellos mismos podrán tomar las medidas y cortar las tiras.
- **Ornamentación.** Tanto las bolas de papel de seda como el oropel se pueden colocar en el abeto según criterio del niño, fomentando así su creatividad.

¿Qué técnicas se trabajarán?
- *Pintar con ceras* • *Hacer y pegar bolas de papel de seda*
- *Hacer y pegar un lazo de papel de celofán* • *Pegar oropel*

Sesión 2

Preparar para cada niño:
- *La cartulina blanca con el abeto ya pintado*
- *Papeles de seda de diferentes colores*
- *Un rectángulo pequeño de papel de celofán rojo (de 9 x 6 cm aprox.)*
- *Cuatro trozos de oropel dorado*
- *Pegamento*

2 Hacer ocho bolas de papel de seda de varios colores y pegarlas en cada una de las puntas del abeto.

3 Hacer un lazo arrugando por el centro el rectángulo de papel de celofán rojo, darle dos vueltas sobre sí mismo y pegarlo sobre el abeto.

4 Pegar el oropel de bola a bola formando dos cruces.

Orientaciones didácticas

- Trabajar el significado del abeto como símbolo de las **fiestas navideñas** de algunos países.
- Ver las características del **abeto:** lugares donde se encuentra, forma y tipo de hojas, etc. Introducir el concepto de **hoja perenne,** ya que es un árbol al que no se le caen las hojas en todo el año.

actividad 4 ZAMBOMBA

¿Qué se necesitará?
- Cartulina plastificada plateada
- Papel charol rojo, verde y amarillo
- Un palo de helado
- Estrellitas de purpurina
- Pegamento en barra
- Tijeras
- Punzón y felpa
- Plantilla (ver pág. 42)

¿Cómo se hará?
Esta actividad se podrá realizar en tres sesiones de media hora aproximadamente cada una, trabajando con toda la clase.

Sesión 1

Preparar para cada niño:
- *Un papel charol rojo con la silueta de la maceta previamente dibujada*
- *Un papel charol verde con la silueta de la falda previamente dibujada*
- *Un papel charol amarillo con la silueta de la piel que recubre la zambomba previamente dibujada*
- *Punzón y felpa*
- *Pegamento*

1 Punzar y sacar la maceta de papel charol rojo.

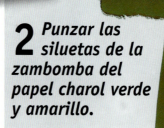

2 Punzar las siluetas de la zambomba del papel charol verde y amarillo.

Consejos

- **Recortar.** Si se trabaja con los más pequeños seguramente les costará mucho recortar las tiras de papel charol; en ese caso será necesaria la colaboración del adulto.
- **Pegar.** Conviene extender el pegamento sobre el papel charol punzado, parta evitar manchar la lámina de cartulina plateada.
- **Purpurina.** La decoración no hace falta que sea con purpurina, sino con el material que cada profesional prefiera.
- **Distribución.** Como en la cartulina plateada no habrá ninguna silueta dibujada, el niño al pegar libremente las partes de la zambomba tendrá que tener en cuenta la distribución espacial.

¿Qué técnicas se trabajarán?
- *Punzar cartulina* • *Pegar papel charol y cartulina*
- *Recortar papel charol*

Sesión 2

Preparar para cada niño:
- *Una cartulina plastificada plateada*
- *Pegamento*

3 Pegar libremente la maceta roja de papel charol sobre la cartulina plateada.

4 Pegar las siluetas verde y amarilla de papel charol sobre la maceta roja.

Orientaciones didácticas

- Trabajar desde el área de música este **instrumento de percusión** típico de las fiestas navideñas de algunos países, como acompañamiento de las canciones propias de esta época.
- Reforzar los **colores** básicos: rojo, amarillo y verde.

Sesión 3

Preparar para cada niño:
- *La cartulina plateada con la zambomba ya pegada*
- *El papel charol con las tiras de color rojo, verde y amarillo previamente señaladas (de 0,5 x 10 cm aprox.)*
- *Un palo de helado*
- *Pegamento*
- *Tijeras*

5 Recortar y pegar las tiras de papel charol en un extremo del palo de helado.

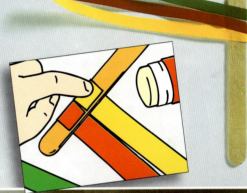

6 Pegar el palo de helado con las tiras sobre la zambomba. Después pegar libremente por toda la cartulina plateada las estrellas de purpurina.

actividad 5 BOLAS

¿Qué se necesitará?

- Cartulina amarilla
- Papel charol de varios colores
- Papel de seda de varios colores
- Adhesivos redondos pequeños de varios colores
- Cinta satinada estrecha de color rojo
- Oropel dorado estrecho
- Pegamento en barra
- Tijeras

¿Cómo se hará?

Esta actividad se puede llevar a cabo en tres sesiones de media hora aproximadamente cada una, trabajando con toda la clase.

Sesión 1

Preparar para cada niño:
- Una cartulina amarilla con la silueta de las bolas previamente dibujada
- Papel charol de distintos colores
- Tijeras
- Pegamento

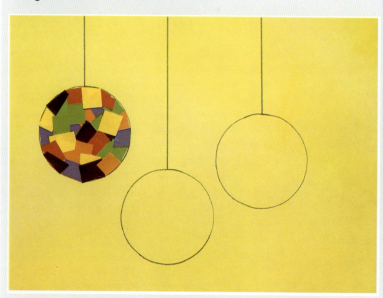

1 Recortar los papeles de charol a trocitos y pegarlos rellenando la primera bola.

Orientaciones didácticas

- Ver para qué pueden servir estas bolas, cuándo se usan, etc. como **ornamentación en las fiestas navideñas**.

¿Qué técnicas se trabajarán?
- Recortar y pegar papel charol
- Hacer y pegar bolas de papel de seda
- Pegar adhesivos de colores
- Pegar cinta satinada y oropel

Sesión 2

Preparar para cada niño:
- La cartulina amarilla con la primera bola terminada
- Papeles de seda de diferentes colores
- Pegamento

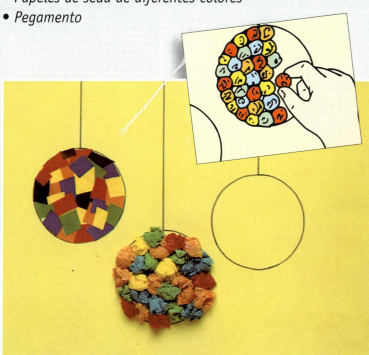

2 Hacer bolas de papel de seda de varios colores y pegarlas rellenando la segunda bola.

Sesión 3

Preparar para cada niño:
- La cartulina amarilla con las dos bolas terminadas
- Adhesivos redondos pequeños de varios colores
- Dos cintas satinadas de color rojo cortadas a la medida
- Una tira de oropel dorado de la medida necesaria
- Pegamento

3 Rellenar la tercera bola de adhesivos de colores.

4 Pegar sobre las bolas de los extremos las dos tiras satinadas y en la bola del medio la tira de oropel.

Consejos

- **Pegar.** Al pegar las bolas de papel de seda, los trocitos de papel charol o los adhesivos de colores, se deberá procurar que queden las bolas bien llenas para que no se vea la cartulina de fondo y si es necesario se superpondrán.
- **Recortar.** Si se trabaja con los más pequeños y algunos tienen dificultad para utilizar las tijeras, se les darán los papeles de charol ya recortados a trocitos.

actividad 6 — MÁSCARA

¿Qué se necesitará?
- Cartulina plastificada dorada
- Papel charol de varios colores
- Adhesivos de colores en forma de estrella
- Tijeras
- Punzón y felpa
- Pegamento en barra
- Plantilla (ver pág. 46)

¿Cómo se hará?
Esta actividad se puede realizar en dos sesiones de media hora aproximadamente, trabajando con toda la clase.

Sesión 1

Preparar para cada niño:
- La cartulina dorada con la silueta de la máscara previamente dibujada
- Adhesivos de colores en forma de estrella
- Punzón y felpa
- Tijeras

1 Recortar la silueta de la máscara siguiendo su contorno.

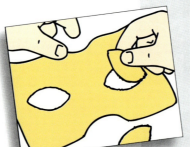

2 Punzar y sacar los ojos de la máscara.

3 Pegar libremente los adhesivos en forma de estrella sobre la máscara.

¿Qué técnicas se trabajarán?
- *Recortar y pegar cartulina*
- *Pegar adhesivos de colores*
- *Recortar y pegar papel charol*

Sesión 2

Preparar para cada niño:
- La máscara empezada en la sesión anterior
- Papel charol de diferentes colores
- Tijeras
- Pegamento

4 Recortar tiras finas de papel charol de varios colores.

5 Pegar las tiras de colores por un extremo en la parte inferior de la máscara, por detrás, de modo que cuelguen como si fuera una cortina.

Consejos

- **Pegar adhesivos.** Los adhesivos deben estar distribuidos por toda la máscara; por tanto, habrá que procurar que los niños no los concentren en un punto determinado.
- **Móvil.** Si la máscara se quiere usar para tapar la cara será necesario colocarle una goma elástica o un palo de madera, pero también se puede usar como móvil para colgar en la clase y como elemento de decoración.

Orientaciones didácticas

- Ver qué utilidad puede tener **una máscara,** para qué y cuándo se usa.
- Repasar las **partes de la cara** al ver qué partes cubre la máscara. Depende de la forma que tenga cubrirá más o menos partes.

actividad **7** # GORRO DE LA BRUJA

Sesión 1

Preparar para cada niño:
- *Una cartulina negra con la silueta del gorro, así como de las estrellas y la luna previamente dibujadas*
- *Una cartulina plastificada dorada*
- *Tijeras*
- *Punzón y felpa*
- *Pegamento*

¿Qué se necesitará?

- *Cartulina plastificada dorada*
- *Cartulina negra*
- *Cinta satinada roja de 0,5 cm de ancho*
- *Papel de celofán rojo, azul y verde*
- *Adhesivos rojos en forma de estrella*
- *Punzón y felpa*
- *Tijeras*
- *Pegamento en barra*

¿Cómo se hará?

Esta actividad se puede realizar en dos sesiones de media hora cada una aproximadamente, trabajando con toda la clase.

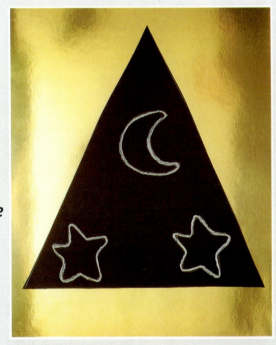

1 Recortar el gorro de cartulina negra siguiendo su contorno y pegarlo sobre la cartulina dorada.

2 Punzar y sacar las estrellas y la luna dibujadas en el gorro atravesando las dos cartulinas.

¿Qué técnicas se trabajarán?
- *Recortar y pegar cartulina* • *Punzar cartulina*
- *Hacer transparencias con papel de celofán* • *Pegar cinta satinada*

Sesión 2

Preparar para cada niño:
- La cartulina dorada con el gorro ya pegado y punzado
- Papel de celofán rojo, azul y verde
- Cinta satinada roja
- Un adhesivo rojo en forma de estrella
- Pegamento

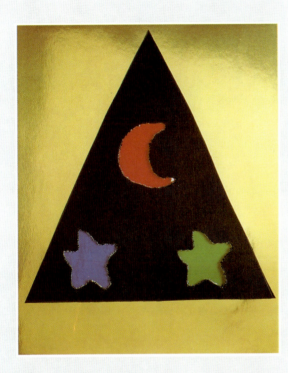

3 Pegar por detrás de las estrellas y la luna los papeles de celofán. En cada figura, emplear un color distinto.

4 Pegar alrededor del borde del gorro la cinta roja, dejando que cuelgue un trozo a cada lado para hacerle un lazo. Después, pegar en la punta del gorro un adhesivo rojo en forma de estrella.

Orientaciones didácticas

- Trabajar las matemáticas en las figuras geométricas, fundamentalmente el **triángulo**.
- Introducir los colores metalizados: **dorado**.
- Se puede trabajar **la textura** tersa de la cartulina plastificada en contraposición a la de la cartulina normal más áspera.

Consejos

- **Pegar.** Al pegar la cinta es conveniente avisar a los niños que han de deslizar el pegamento por uno de sus cantos y no plano, para evitar manchar excesivamente la cartulina dorada.
- **Lazo.** Si el niño no sabe hacer un lazo en la cinta será conveniente que se lo haga el tutor.

actividad 8 — CARETAS

¿Qué se necesitará?
- Cartulina blanca
- Ceras de colores: rosa, naranja y amarillo
- Goma elástica
- Barniz y pincel
- Punzón y felpa
- Tijeras
- Plantilla (ver pág. 47)

Para la segunda opción:
- Lo mismo pero con ceras de otros colores: rojo, azul, verde, marrón y ocre

¿Cómo se hará?
Esta actividad se puede realizar en dos sesiones de media hora aproximadamente cada una, trabajando con toda la clase.

Sesión 1

Preparar para cada niño:
- Una cartulina blanca con el dibujo del ratoncito
- Una cera de color amarillo, una rosa y otra naranja
- Pincel

Preparar para cada mesa:
- Un recipiente con barniz

1 Pintar el diente del ratoncito con cera de color amarillo, y las orejas y la nariz con cera de color rosa.

2 Rellenar la cara con cera de color naranja y barnizarlo todo.

¿Qué técnicas se trabajarán?
- *Pintar con ceras* • *Recortar cartulina*
- *Punzar cartulina* • *Barnizar*

Sesión 2

Preparar para cada niño:
- *La cartulina blanca con la cara del ratoncito ya pintada*
- *Tijeras*
- *Punzón y felpa*
- *Goma elástica*

3 *Punzar y sacar los ojos del ratoncito.*

4 *Recortar el contorno del ratoncito y convertirlo en una careta poniendo una goma elástica: para ello, se hace un agujero en cada lado con el punzón.*

Segunda opción:

- **Careta de payaso:** Dos sesiones, igual que para la primera opción, pero con el dibujo de un payaso.

Consejos

- **Recortar.** Si se trata de niños muy pequeños, es aconsejable que el recorte lo realice la maestra, o que ella disponga quién puede recortar la careta adecuadamente y quién necesita la ayuda del adulto.
- **Goma elástica.** En vez de pasar la goma a través de los agujeros, también se puede grapar a los lados; de esta manera no hace falta agujerear.

Orientaciones didácticas

- *Se puede trabajar **la expresión oral**, presentando al personaje de la careta a partir de un cuento.*
- *Se puede trabajar **la expresión corporal** al introducirse en el personaje elegido en el momento de ponerse la careta. Se puede escenificar el cuento.*
- *Recordar las distintas **partes de la cara** y su localización.*

actividad 9 — DISFRAZ

¿Qué se necesitará?

- Una bolsa de basura industrial de color naranja
- Un trozo de bolsa de basura de color azul
- Rotulador negro grueso permanente
- Tijeras

¿Cómo se hará?

Esta actividad se puede llevar a cabo en dos sesiones de media hora aproximadamente cada una, trabajando con un grupo pequeño de 4 a 6 niños para poder orientarlos mejor.

Sesión 1

Preparar para cada niño:
- Una bolsa de basura industrial de color naranja con las partes que se tienen que recortar previamente marcadas
- Un trozo de bolsa de basura de color azul con la forma de la corbata previamente marcada (de 160 X 10 cm aprox.)
- Tijeras

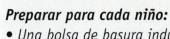

1 Recortar el cuello, las mangas y las puntas del vestido del borde de la bolsa de basura naranja.

2 Dibujar triángulos sobre el vestido.

¿Qué técnicas se trabajarán?
- *Recortar plástico*
- *Pintar con rotulador*

Sesión 2

Preparar para cada niño:
- *La bolsa de basura naranja ya recortada y con los triángulos previamente marcados en toda la bolsa*
- *Rotulador negro grueso permanente*

3 Recortar la corbata de la bolsa de basura azul.

4 Pintar los triángulos con rotulador negro por delante y por detrás de la bolsa para finalizar el vestido.

Consejos

- **Pintar.** Al pintar con rotulador las bolsas hay que procurar no moverlas para que no se arruguen.
- **Triángulos.** Los triángulos del disfraz pueden estar dibujados desde un principio o bien esperar a dibujarlos en la segunda sesión.
- **Disfraz.** Será necesario que los niños lleven al menos una camiseta debajo del disfraz para que la bolsa de plástico no se les pegue al cuerpo.
- **Nudo de corbata.** El nudo lo deberá hacer el adulto, ya que para los niños es demasiado difícil. Se puede hacer en el momento de colocar el disfraz o bien tenerlo preparado con antelación.
- **Corbata.** Una vez colocado el disfraz, si la corbata es demasiado larga, se recortará un poco, dependiendo de la altura de cada niño.

Orientaciones didácticas

- Ver qué **funcionalidad** pueden tener las bolsas de basura.
- Observar cuántos **colores** pueden tener las bolsas de basura y ver si las de casa también son de colores.
- Aprender a **hacer disfraces** con bolsas de basura. La técnica será la misma para cualquier otro disfraz.
- Trabajar la **expresión oral y corporal** escenificando con el disfraz puesto algún personaje.

actividad 10 ANTIFAZ

¿Qué se necesitará?

- Cartulina amarilla
- Pintura de tiza
- Bastoncillos de madera
- Cinta adhesiva
- Tijeras
- Barniz y pincel
- Punzón y felpa
- Plantilla (ver pág. 48)

¿Cómo se hará?

Esta actividad se puede realizar en dos sesiones de media hora aproximadamente cada una. La primera se hará con toda la clase y la segunda trabajando en grupo pequeño (de 4 a 6 niños). Pero la preparación de la pintura se hará con todo el grupo.

Sesión 1

Preparar para cada niño:
- *Una cartulina amarilla con la silueta del antifaz previamente dibujada*
- *Tijeras*
- *Punzón y felpa*

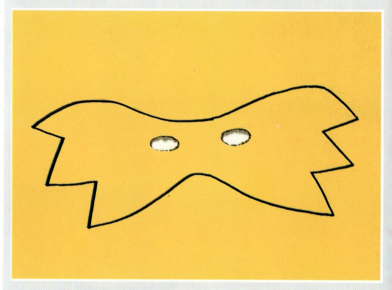

1 Punzar y sacar los ojos del antifaz.

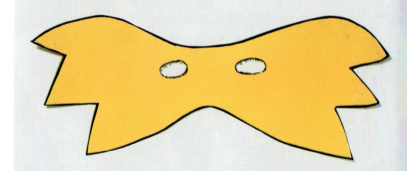

2 Recortar la silueta del antifaz siguiendo su contorno.

Orientaciones didácticas

- Aprender a hacer un **tipo de pintura** distinto al que los niños están acostumbrados.
- Ver qué otra utilidad pueden tener las **tizas** además de servir para escribir en la pizarra.
- Observar la **textura** y el **relieve** que tiene la pintura de tiza.

¿Qué técnicas se trabajarán?
- *Recortar cartulina* • *Barnizar*
- *Pintar con pintura de tiza*

Sesión 2

Preparar en una mesa para 4 o 6 niños:
- El antifaz ya recortado de cada niño
- Un pincel para cada niño
- Un recipiente con pintura de tiza
- Un bastoncillo de madera para cada niño
- Cinta adhesiva

Preparar para todo el grupo:
- Todo lo necesario para preparar la pintura de tiza: tizas cuadradas de todos los colores, barniz, agua, pincel, mano de mortero o similar y un recipiente donde hacer la mezcla.

3 El adulto prepara la pintura de tiza en presencia de los niños y con ayuda de estos:
- Trocear las tizas y aplastarlas con la mano de mortero dejando que queden grumos.
- Añadir agua y barniz (más barniz que agua).
- Mezclar con la ayuda del pincel (la textura resultante debe tener grumos para dar relieve).

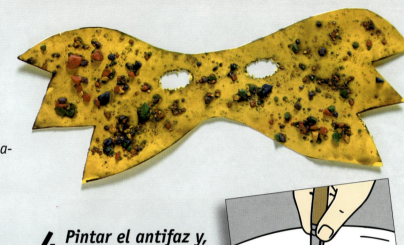

4 Pintar el antifaz y, cuando esté seco, barnizarlo.

5 Colocar el bastoncillo de madera a un lado del antifaz y pegarlo por detrás con cinta adhesiva.

Consejos
- **Pintura de tiza.** Si se hace difícil aplastar las tizas, se pueden dejar unas horas en remojo con el agua y el barniz y aplastarlas después. Será mejor preparar la pintura unas horas antes de la sesión para dejar reposar la mezcla y obtener de esta manera mejores resultados.
- **Goma elástica.** Si se desea, en vez de palo se puede poner una goma elástica haciendo un agujero con un punzón a cada lado del antifaz.

actividad 11 PAYASO

¿Qué se necesitará?
- *Cartulina plastificada de tres colores: dorada, plateada y roja*
- *Cartulina blanca y negra*
- *Lana gruesa azul, roja, blanca y verde*
- *Adhesivos redondos medianos azules*
- *Cinta adhesiva*
- *Pegamento en barra*
- *Punzón y felpa*
- *Tijeras*
- *Plantilla (ver pág. 44)*

¿Cómo se hará?
Esta actividad se puede realizar en tres sesiones de media hora aproximadamente cada una, trabajando con toda la clase.

Sesión 1

Preparar para cada niño:
- *Una cartulina plastificada roja con la silueta del labio y la nariz del payaso previamente dibujada*
- *Una cartulina plastificada plateada con la silueta que simula el maquillaje del ojo del payaso previamente dibujada*
- *Una cartulina plastificada dorada con la silueta del gorro previamente dibujada*
- *Una cartulina blanca con la silueta de la amplia sonrisa del payaso previamente dibujada*
- *Punzón y felpa*

1 Punzar todas las siluetas de las cartulinas: el labio, la nariz, el ojo, la sonrisa y el gorro.

Orientaciones didácticas
- *Trabajar las **partes de la cara** y su localización al ir colocándolas libremente.*
- *Introducir la medida de **longitud** como concepto matemático al cortar longitudes aproximadamente iguales.*
- *Introducir la figura del **payaso**; lugares donde se puede encontrar (circo, fiestas,...), cómo viven los componentes del circo (desplazándose en caravanas de una ciudad a otra).*

Consejos
- **Cortar.** *Para cortar la lana conviene utilizar un palito u otro objeto alargado con la medida deseada marcada en él.*
- **Pegar:** *El gorro sólo se pegará por su parte superior, encima de la lana, para que quede suelto.*
- **Distribución.** *Como en la cartulina no habrá ninguna silueta dibujada, al pegar libremente las partes de la cara del payaso, el niño tendrá que tener en cuenta la distribución espacial.*

¿Qué técnicas se trabajarán?

- *Punzar cartulina* • *Pegar cartulina*
- *Pegar adhesivos de colores* • *Cortar y pegar lana*

Sesión 2

Preparar para cada niño:
- Todas las siluetas de las partes de la cara ya punzadas
- Una cartulina negra
- Un trocito de lana blanca
- Dos adhesivos redondos azules
- Pegamento
- Tijeras

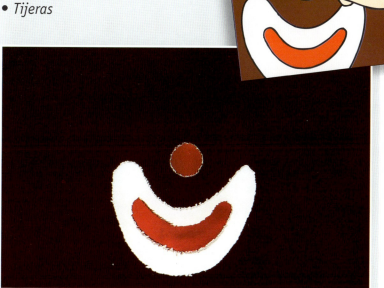

2 Pegar sobre la cartulina negra la sonrisa de cartulina blanca, y sobre ésta pegar el labio rojo. Después, pegar la nariz.

3 Hacer y pegar los dos ojos: para el primero, pegar un adhesivo azul sobre el maquillaje plateado del ojo. Para el segundo, cortar la lana blanca en dos trocitos y pegarlos en forma de cruz por detrás del adhesivo azul.

Sesión 3

Preparar para cada niño:
- La cartulina negra con la cara del payaso empezada en la sesión anterior
- Lanas de distintos colores
- El gorro de cartulina dorada ya punzado
- Cinta adhesiva
- Pegamento
- Tijeras

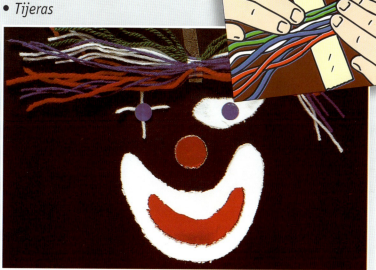

4 Cortar cinco tiras de lana, una de cada color (de unos 22 cm). Unirlas y recogerlas en el centro con la cinta adhesiva, que se pegará sobre la parte superior de la cartulina negra para representar el pelo.

5 Pegar el gorro dorado sobre el pelo de lana.

actividad 12 TARTA

¿Qué se necesitará?

- Cartulina rosa
- Papel charol de color rojo y marrón
- Pintura de dedos de color blanco
- Un tapón de corcho
- Plastilina blanca y naranja
- Papel de seda de color rosa y marrón
- Ceras de color amarillo, marrón, azul, naranja y verde
- Pegamento en barra
- Barniz y pincel
- Punzón y felpa
- Plantilla (ver pág. 45)

¿Cómo se hará?

Esta actividad se puede llevar a cabo en tres sesiones de media hora aproximadamente cada una, trabajando con toda la clase.

Sesión 1

Preparar para cada niño:
- *Una cera de cada color: azul, amarillo, marrón, verde y naranja*
- *Pincel*

Preparar para cada mesa:
- *Un recipiente con barniz*

1 Pintar con ceras: el plato de color marrón, las velas, una de cada color y los dos pisos centrales de la tarta, amarillos. Barnizarlo todo.

Orientaciones didácticas

- Ver en qué momentos es habitual comerse una **tarta**: en celebraciones, aniversarios, fiestas, etc.
- Intentar adivinar qué **alimentos** pueden representar las distintas partes de la tarta realizadas con diferentes materiales y técnicas.

Consejos

- **Barnizar.** Para que los niños barnicen la plastilina o las ceras también se puede montar una mesa en un rincón a la que acudan los niños a medida que vayan terminando. Si en la mesa ya hay 4 o 5 niños, los siguientes deberán esperar a que éstos acaben.
- **Pegar.** Al pegar las bolas de papel de seda o el papel rasgado se deberán poner bien juntas para que no se vea la cartulina.

¿Qué técnicas se trabajarán?
• Pegar, rasgar y arrugar papel de seda • Pintar con ceras • Punzar cartulina
• Hacer una transparencia • Modelar plastilina • Estampar

Sesión 2

Preparar para cada niño:
• La cartulina con la tarta ya pintada con ceras
• Plastilina blanca y naranja
• Papel charol marrón y rojo
• Punzón y felpa
• Pincel
• Pegamento
• Tijeras

Preparar para cada mesa:
• Un recipiente con barniz

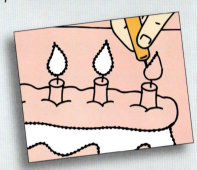

Sesión 3

Preparar para cada niño:
• La cartulina con la tarta empezada en las sesiones anteriores
• Papel de seda marrón y rosa
• Un tapón de corcho
• Pegamento

Preparar para cada mesa:
• Una bandeja con pintura de dedos blanca

2 Punzar y sacar la llama de las velas, así como el penúltimo piso de la tarta. Pegar por detrás de las llamas un trozo de papel charol rojo y detrás del penúltimo piso un trozo de papel charol marrón.

4 Rasgar y arrugar con los dedos el papel de seda marrón y pegarlo en el último piso de la tarta. Hacer bolas de papel de seda rosa y pegarlas en la parte central de la tarta.

3 Cubrir de plastilina blanca el primer piso de la tarta con ayuda del pulgar y añadir las bolas aplastadas de plastilina naranja. Barnizar.

5 Estampar el tapete con un tapón de corcho empapado en pintura blanca.

actividad 13 REGALO

¿Qué se necesitará?

- Cartulina verde
- Papel de celofán rojo
- Papel de seda de varios colores
- Cinta ancha de regalo
- Pegamento en barra
- Plantilla (ver pág. 46)

¿Cómo se hará?

- Esta actividad se puede llevar a cabo en dos sesiones de media hora aproximadamente cada una, trabajando con toda la clase.

Sesión 1

Preparar para cada niño:
- Una cartulina verde con la silueta del regalo previamente dibujada
- Papel de seda de distintos colores
- Pegamento

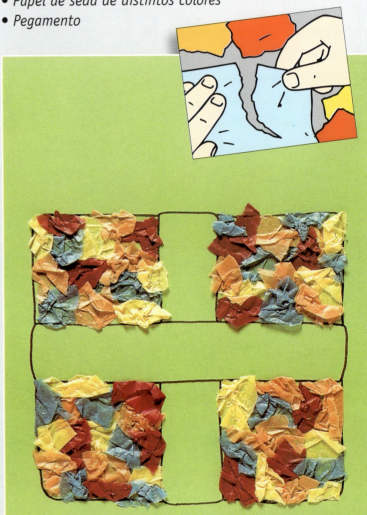

1 Rasgar el papel de seda a trozos con los dedos y arrugarlos ligeramente para pegarlos rellenando los cuatro cuadrados del paquete de regalo.

Orientaciones didácticas

- **Imaginar** qué podría haber dentro de este regalo. Hacerlo con otras cajas que haya en la clase pensando qué podría haber dentro teniendo en cuenta su medida.
- Pensar en qué **ocasiones** se puede hacer a alguien un regalo.

¿Qué técnicas se trabajarán?

- *Rasgar y arrugar papel de seda*
- *Pegar distintos tipos de papel*
- *Hacer un lazo de papel de celofán*

Sesión 2

Preparar para cada niño:
- La cartulina verde con los papeles de seda pegados en el regalo
- Un rectángulo grande de papel de celofán rojo (de 18 x 15 cm aprox.)
- Dos trozos de cinta de regalo ancha cortados a la medida del paquete
- Pegamento

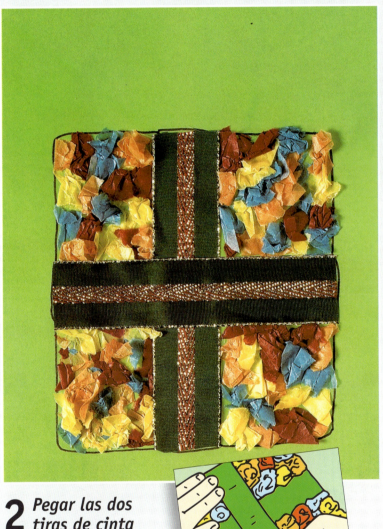

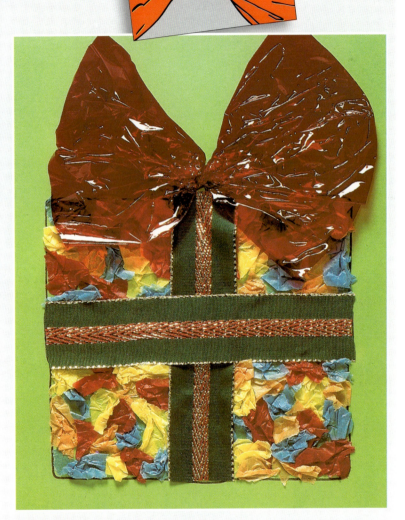

2 Pegar las dos tiras de cinta de regalo cruzadas sobre el paquete.

3 Hacer un lazo grande con el rectángulo de papel de celofán arrugándolo por el centro, darle un par de vueltas sobre sí mismo y pegarlo sobre el paquete.

Consejos

- **Cinta de regalo.** Las dos tiras de cinta de regalo se le pueden dar al niño para que sea él quien las recorte midiendo el trozo que necesita. Esta cinta la pueden traer los niños de casa; de esta manera se implica a la familia en la actividad y así cada niño tendrá el paquete de regalo diferente.

actividad 14 DRAGÓN

¿Qué se necesitará?

- Una huevera de cartón
- Papel charol amarillo, azul y naranja
- Pintura de dedos de color verde
- Cartulina blanca y roja
- Rotulador grueso de color negro
- Punzón y felpa
- Pegamento en barra
- Pincel
- Tijeras
- Plantilla de los ojos y la lengua del dragón (ver pág. 42)

¿Cómo se hará?

Esta actividad se puede llevar a cabo en tres sesiones de media hora aproximadamente cada una. Se trabajará mejor en grupo pequeño, sobre todo si se trata de los más pequeños; de esta manera se puede controlar mejor su trabajo.

Sesión 1

Preparar para cada niño:
- *Una huevera de cartón*
- *Tijeras*
- *Pincel*

Preparar en una mesa:
- *Una bandeja con pintura de dedos de color verde*

1 Recortar la pestaña que sirve para cerrar la huevera.

2 Pintar la huevera con pincel de color verde por las dos caras exteriores procurando que no quede ningún espacio sin pintar.

Orientaciones didácticas

- Introducir la figura del dragón como **elemento fantástico** a través de algún cuento donde éste aparezca.
- Pensar en qué **fiestas populares** se utiliza el dragón y qué representa en cada una de ellas.

Consejos

- **Huevera.** Si la huevera se abre por el lado estrecho se podrá hacer igualmente pegando los ojos y la lengua siempre por la parte abierta y la cola por la parte cerrada. Será mejor que tenga hendiduras en su parte superior para poder agarrarla mejor con las manos y presionar para que se le abra la boca.

¿Qué técnicas se trabajarán?
- *Pintar con pincel* • *Pintar con rotulador* • *Punzar cartulina*
- *Pegar papel y cartulina* • *Recortar papel charol*

Sesión 2

Preparar para cada niño:
- *La huevera ya pintada de verde y seca*
- *Una cartulina blanca con los ojos del dragón previamente dibujados*
- *Una cartulina roja con la lengua del dragón previamente dibujada*
- *Rotulador grueso negro*
- *Punzón y felpa*
- *Pegamento*

3 Pintar con rotulador negro la zona marcada para los ojos en la cartulina blanca.

4 Punzar y sacar los ojos y la lengua de las cartulinas respectivas.

5 Pegar los ojos y la lengua en la parte superior del lateral abierto de la huevera. Los ojos en la parte exterior y la lengua por dentro.

Sesión 3

Preparar para cada niño:
- *La huevera pintada con los ojos y la lengua ya pegados*
- *Tres trozos de papel charol, uno de cada color, con las tiras previamente marcadas (30 x 4 cm aprox.)*
- *Tijeras*
- *Pegamento*

6 Recortar las tres tiras de papel charol.

7 Pegar sobre la huevera, por la parte cerrada, las tres tiras como si fueran una cola, dejando que cuelgue.

actividad 15 FIESTA

¿Qué se necesitará?

- Cartulina azul marino
- Cartulina plastificada dorada
- Cera de color blanco
- Globos de varios colores
- Serpentinas de varios colores
- Punzón y felpa
- Pegamento en barra
- Barniz y pincel fino
- Plantilla (ver pág. 48)

¿Cómo se hará?

Esta actividad se puede realizar en tres sesiones de media hora aproximadamente cada una, trabajando con todo el grupo.

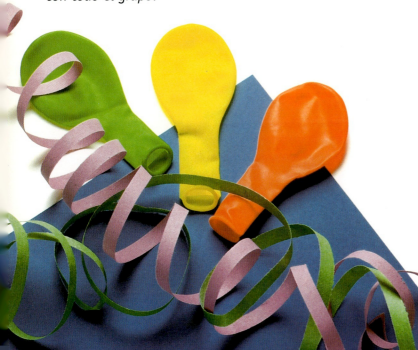

Sesión 1

Preparar para cada niño:
- *Una cartulina azul marino con la silueta de la copa previamente dibujada*
- *Una cera de color blanco*
- *Pincel fino*

Preparar para cada mesa:
- *Un recipiente con barniz*

1 Pintar el pie de la copa y la parte superior con ceras de color blanco y barnizarla.

Consejos

- **Punzar.** Vigilar al punzar las burbujas pequeñas, hay que hacerlo muy despacio para que no se rasgue la cartulina.
- **Barnizar.** Tener cuidado de no ensuciar la cartulina azul. Por eso es muy importante hacerlo con un pincel bien fino.
- **Globos.** Para pegar los globos hay que poner el pegamento en la cartulina.
- **Serpentinas.** Las serpentinas hay que pegarlas sólo por una punta para que caigan libremente.

Orientaciones didácticas

- *Nombrar elementos típicos de una **fiesta**. Ver en qué ocasiones y por qué motivos se puede hacer una fiesta.*
- *Favorecer la **creatividad** del niño al pegar los globos y las serpentinas libremente.*

¿Qué técnicas se trabajarán?
- *Pintar con ceras* • *Pegar globos y serpentinas*
- *Punzar y pegar cartulina* • *Barnizar*

Sesión 2

Preparar para cada niño:
- *La cartulina azul marino con la copa ya pintada*
- *Un trozo de cartulina plastificada dorada*
- *Punzón y felpa*
- *Pegamento*

2 Punzar y sacar el líquido y las burbujas de la cartulina azul.

3 Pegar por detrás la cartulina dorada a modo de transparencia, tapando todas las zonas punzadas.

Sesión 3

Preparar para cada niño:
- *La cartulina azul marino con la copa ya terminada*
- *Dos o tres globos de varios colores*
- *Serpentinas de varios colores*
- *Pegamento*

4 Pegar los globos y las serpentinas de manera libre por toda la cartulina.

37

actividad 16 FAROLILLO

¿Qué se necesitará?

- Cartulina plastificada dorada
- Papel pinocho verde, amarillo, azul y rojo
- Lana gruesa de color rojo
- Aguja grande de plástico
- Pegamento en barra
- Punzón y felpa

¿Cómo se hará?

Esta actividad se puede llevar a cabo en dos sesiones de media hora aproximadamente cada una. Es conveniente trabajar en grupo reducido para poder guiar mejor a los niños.

Sesión 1

Preparar para cada niño:
- Una cartulina plastificada dorada con los dos círculos previamente dibujados
- Punzón y felpa
- Aguja grande de plástico
- Lana gruesa de color rojo

1 Punzar y sacar los dos círculos de la cartulina dorada.

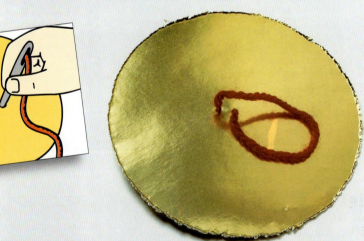

2 Hacer dos agujeros con el punzón en el centro de uno de los círculos; pasar por ellos, con la ayuda de la aguja, la lana roja y anudarla por debajo, dejando un lazo arriba para colgar el farolillo.

¿Qué técnicas se trabajarán?
- *Punzar cartulina* • *Atravesar cartulina con aguja y lana*
- *Pegar papel pinocho*

Sesión 2

Preparar para cada niño:
- Los dos círculos dorados ya punzados
- Cuatro tiras de papel pinocho, una de cada color (de 40 x 6 cm aprox.)
- Pegamento

3 Poner pegamento en un extremo de todas las tiras de papel pinocho y pegarlas sobre la parte blanca de uno de los círculos.

4 Pegar el otro extremo de dos de las tiras de papel pinocho en la parte blanca del otro círculo.

5 Pegar el otro extremo de las dos tiras de papel pinocho restantes en la parte blanca que queda libre del otro círculo.

Orientaciones didácticas

- Ver qué utilidades puede tener **un farolillo:** dar luz y adornar lugares donde se vaya a celebrar alguna fiesta o verbena.

Consejos

- **Pegar.** Procurar que las tiras de papel pinocho se peguen bien encaradas en los dos círculos para que no queden cruzadas.
- **Atravesar lana.** Si el niño no sabe hacer un nudo, necesitará la ayuda del adulto.

actividad 17 COLGANTE DORADO

¿Qué se necesitará?

- Cartulina dorada
- Papel de celofán
- Adhesivo redondo pequeño rojo
- Cordón plateado
- Pegamento en barra
- Punzón y felpa
- Plantilla (ver pág. 47)

¿Cómo se hará?

Este trabajo se puede realizar en dos sesiones de media hora cada una aproximadamente. Se puede trabajar con toda la clase.

Sesión 1

Preparar para cada niño:
- Una cartulina dorada, doblada por la mitad, con la silueta del abeto previamente dibujada
- Punzón y felpa

1 Punzar la silueta del abeto procurando perforar las dos cartulinas y extraer los dos abetos.

2 Punzar el círculo para obtener las dos caras del colgante.

¿Qué técnicas se trabajarán?
- *Punzar cartulina* • *Pegar adhesivos de colores*
- *Pegar papel de celofán como transparencia*

Sesión 2

Preparar para cada niño:
- *Los dos círculos obtenidos en la sesión anterior*
- *Papel de celofán de color verde*
- *Pegamento*
- *Adhesivo pequeño rojo redondo*
- *Cordón plateado*

4 Superponer la otra cara del círculo dorado para realizar la transparencia.

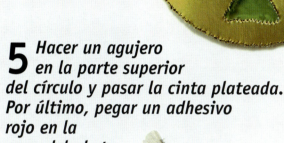

5 Hacer un agujero en la parte superior del círculo y pasar la cinta plateada. Por último, pegar un adhesivo rojo en la copa del abeto.

Consejos
- **Cordón plateado**. Al cortar el cordón plateado conviene pegar alrededor de los extremos cinta adhesiva para evitar que se deshile.
- **Abeto**. En los extremos cada niño puede poner libremente adhesivos de colores, fomentando así su creatividad.
- **Decoración**. Los abetos del interior del círculo se pueden hacer de distintos colores y de esa forma al superponerlos sobre los cristales del aula darán distintas tonalidades al ambiente, según sea la posición del sol.
- **Móvil**. También se pueden distribuir en el techo del aula para que se muevan con el aire y adornen la clase en forma de móviles.

Orientaciones didácticas
- Podemos trabajar el **círculo** y el concepto matemático de la **longitud** con el cordón plateado. También se pueden trabajar las **líneas abiertas y cerradas**.

PLANTILLAS

¿Qué necesitamos?
- Papel vegetal
- Rotulador negro
- Papel carbón o fotocopiadora

¿Cómo lo haremos?
Calcaremos la plantilla en el papel vegetal con el rotulador. Después fotocopiaremos el resultado en la cartulina del color elegido. Si no se dispone de fotocopiadora calcar con papel carbón.

Actividad 4

Actividad 14

42

Actividad 2

PLANTILLAS

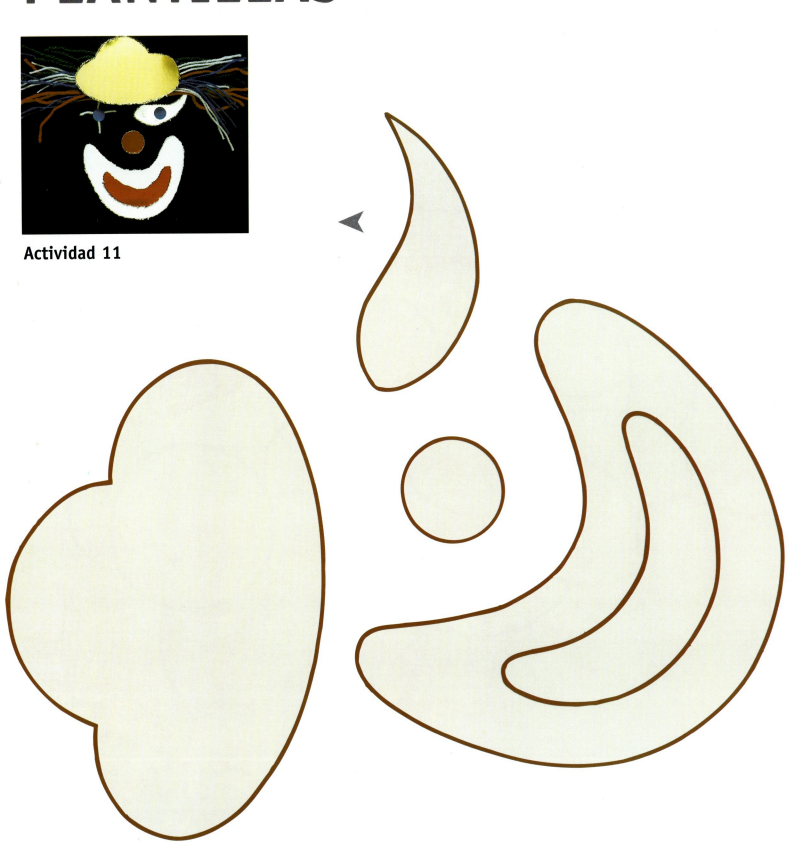

Actividad 11

44

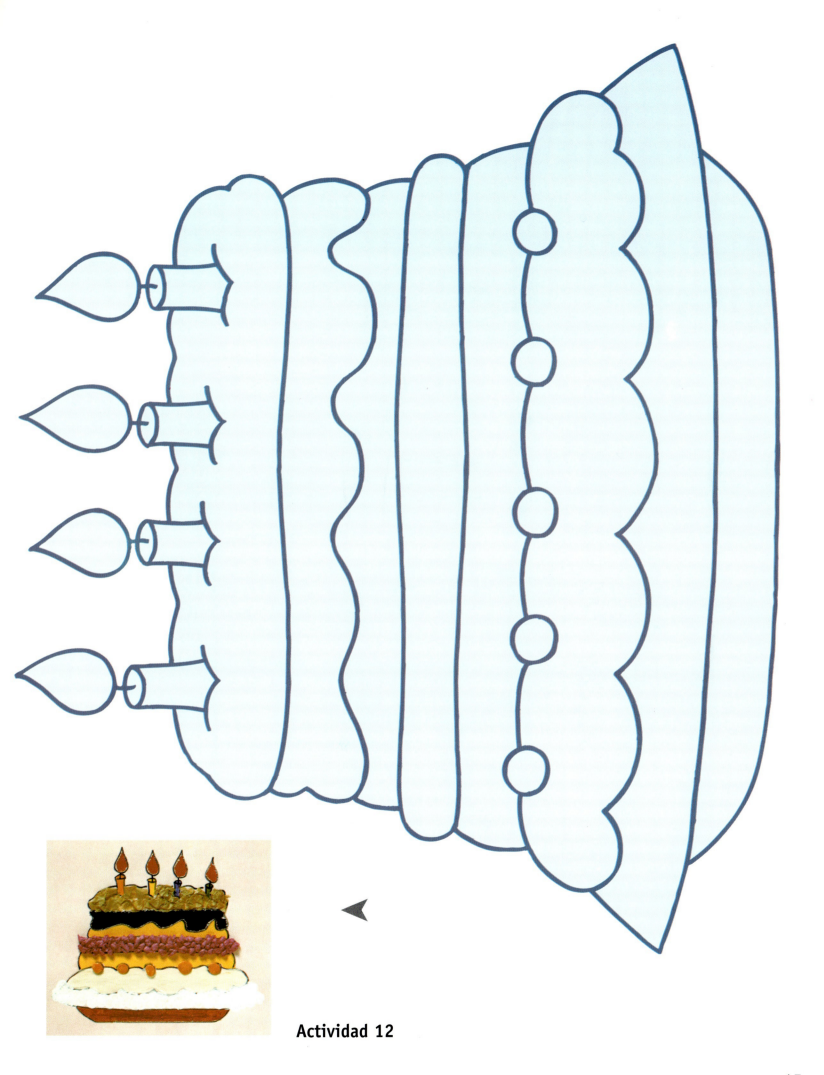

Actividad 12

PLANTILLAS

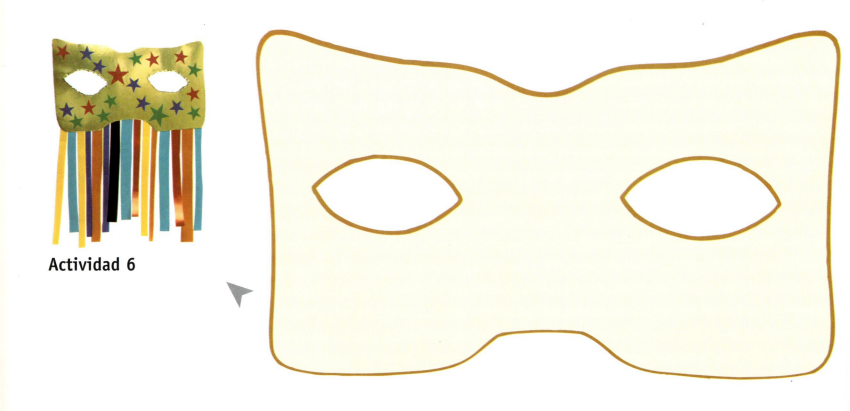

Actividad 6

Actividad 13

Actividad 8

Actividad 17

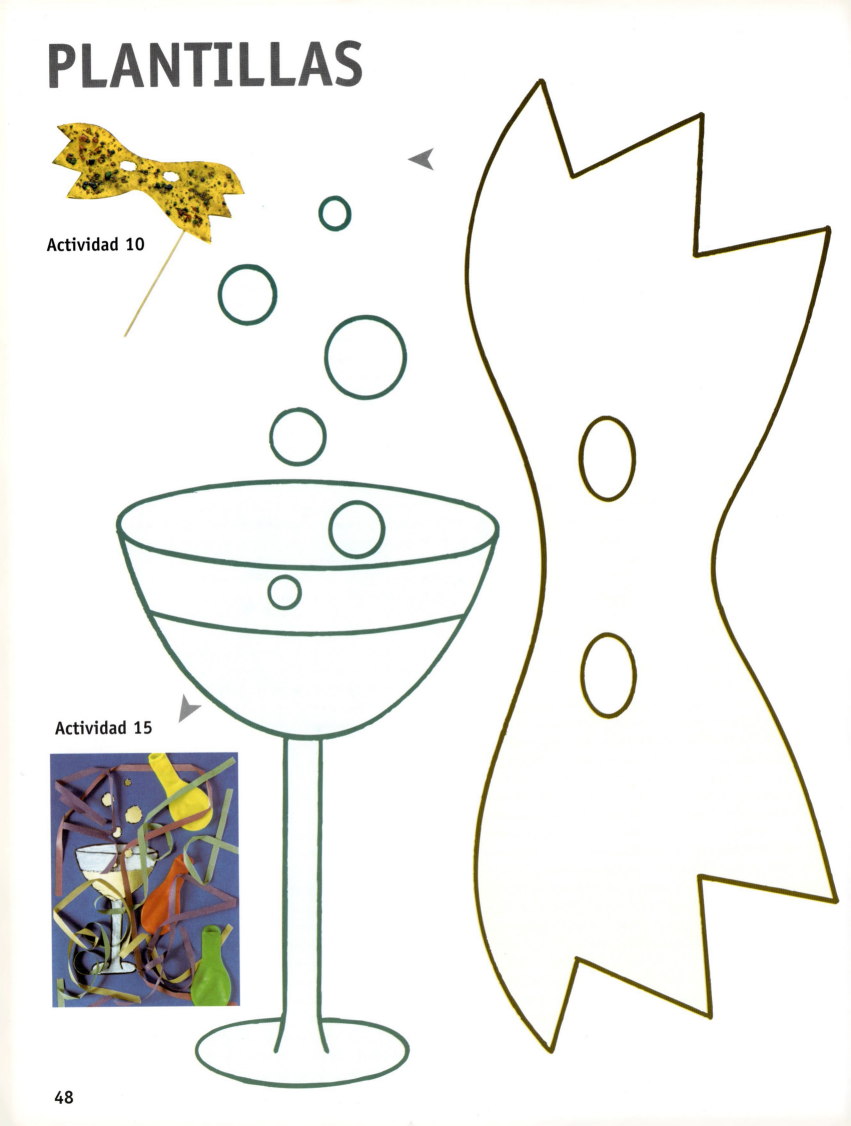